Heinz-Detlef Scheer

25 beliebte Mythen
zum Thema Hochbegabung

… und die nackte Wahrheit

Bibliografische Information der Deutschen Nationalbibliothek
Die Deutsche Nationalbibliothek verzeichnet diese Publikation in der Deutschen Nationalbibliografie; detaillierte bibliografische Daten sind im Internet über dnb.d-nb.de abrufbar.

© 2009 Heinz-Detlef Scheer

Erste Auflage 2009

Überarbeitete zweite Auflage, März 2010

Überarbeitete dritte Auflage: Februar 2012

Überarbeitete vierte Auflage: Dezember 2014

Idee und Text: Heinz-Detlef Scheer

Titel-Zeichnung: Anke Reimann

Herstellung und Verlag: Books on Demand GmbH, Norderstedt

Printed in Germany

ISBN 978-3-8391-1415-5

Autor

Dipl.-Psychologe Heinz-Detlef Scheer, aufgrund einer Verletzung verhinderter Cellist, gelernter Kaufmann, ehemaliger Personalentwickler einer großen deutschen Versicherung, arbeitet seit 1991 als Seminarleiter, Trainer, Coach und Autor und beschäftigt sich vor allem mit Führungskräften, Ingenieuren und Selbständigen.

Seit einigen Jahren hat er sich zusätzlich auf das Coaching von hochbegabten Erwachsenen spezialisiert (*Wie ich werde, was ich bin. (Selbst-) Coaching für hochbegabte Erwachsene*, BoD, 2010).

Er ist Mitglied von MinD = Mensa in Deutschland e. V., des deutschen Ablegers des weltweit größten Hochbegabten-Clubs, der 1946 in England gegründet wurde und dessen Dachverband weltweit insgesamt weit über 120.000 Mitglieder in rund 100 Ländern vertritt[1], davon Ende 2014 schon deutlich mehr als 12.000 allein in Deutschland. Für Mensa engagiert er sich ehrenamtlich u.a. als LocSec (lokaler Ansprechpartner) Nordwest. Außerdem ist er Mitglied von Intertel[2], einem ebenso weltweit organisierten Hochbegabten-Club mit Sitz in Georgia, USA.

Buch

Dieses Büchlein gibt kurz und bündig Auskunft über den Realitätsgehalt immer wieder vorgebrachter Vorurteile über Hochbegabte, deren oft als seltsam empfundenen Eigenschaften und Verhaltensweisen und versucht damit, ein kleines Stück Verständnis zu schaffen bzw. die gröbsten Missverständnisse abzubauen.

Tipp- und Satzfehler

Der Autor dankt allen, die ihn immer wieder auf (Tipp-) Fehler aufmerksam gemacht haben. Besonderer Dank geht an: Günter Wulf, Max Voigtmann, Karin Heiduck und Swen Neumann.

---

[1] www.mensa.de
[2] www.intertel-iq.org

Für alle meine hochbegabten Freunde, Kollegen und Kunden sowie alle Interessierten, besonders für diejenigen, die immer noch keinen Test gemacht haben, um Klarheit darüber zu erlangen, warum sie so seltsam „anders" sind.

„Ich bin etwas schief ins Leben gebaut"

Joachim Ringelnatz

Vorweg

„Genie und Wahnsinn liegen doch eng beieinander!" – „Der Stalin soll ja auch hochbegabt gewesen sein!" – „Ja, und die meisten sind ja sozial völlig inkompetent!" Irgendwann kann man es nicht mehr hören, wenn man einfach ein ganz normales Leben führen möchte. Was für hochbegabte Menschen Gott sei Dank fast nie eine Rolle spielt, scheint für andere Menschen teils von solch existenzieller Bedeutung zu sein, dass man als Hochbegabter zuweilen geradezu anfängt, Mitleid zu empfinden. Das darf man aber nicht laut sagen, sonst steckt man gleich einen der verletzendsten und populärsten Vorwürfe ein: Arroganz! Es geht irgendwie immer um dieselbe Frage: „Wie ‚verrückt' und oder überheblich sind Hochbegabte wirklich?!" Um hier einmal einiges geradezurücken, habe ich diesen Reader geschrieben und mittlerweile zum vierten Mal überarbeitet.

Wobei es selbstverständlich so ist, dass es auch Hochbegabte gibt, die psychische Probleme haben. Genauso wie bei allen anderen Menschen gibt es unter Hochbegabten erfolgreiche Menschen mit Doktor-Titeln und viel Geld, mit Einfluss und Ansehen und eben auch mit Problemen aller Art, anhaltender Erfolglosigkeit und sozialer Inkompetenz. Der imaginierte Zusammenhang zwischen beispielsweise Hochbegabung und sozialer Inkompetenz muss aber erst noch belegt werden! Und so ist eine selbstverständlich ehrenwerte durchschnittliche Begabung auch kein Garant für eine besonders stark ausgeprägte soziale Kompetenz!

Die mit einem übersteigerten oder fehlgeleiteten Gerechtigkeitssinn verwandte gedankliche Konstruktion einer „Balance" des Typs „Wenn jemand schon hochbegabt ist, muss er wenigstens andere Probleme haben", scheint manchen Mythen zugrunde zu liegen. Es sei denn, der Hochbegabte rezitiert 23.000 von 23.230 in Romantexten versteckten Begriffen[3], die er in vier Tagen auswendig gelernt hat, fehlerfrei, rückwärts Fahrrad fahrend, gleichzeitig Geige spielend und einer der Nachfolger von Thomas

---

[3] Dies ist ein willkürliches, fiktives Beispiel im Zuge der dichterischen Freiheit und damit nicht justitiabel. Der Autor verbürgt sich nicht dafür, dass es so etwas tatsächlich gibt. Aber wundern würde es ihn nicht. Ihn wundert sowieso kaum noch etwas.

Gottschalk moderiert die Sendung[4]. Dann ist die Welt für einige Stunden in Ordnung. Ein Phänomen, das jede Minderheit trifft und verletzt, weil sie den Betroffenen zur Jahrmarktsfigur stempelt. So jedenfalls das nachvollziehbare Gefühl vieler Betroffener.

Was Menschen alles kennen und beurteilen ohne jemals selber entsprechende Erfahrungen gemacht zu haben, macht beispielsweise ein Werk von Eva Stumpf (Förderung bei Hochbegabung, erschienen 2012 bei Kohlhammer) deutlich. Darin plädiert die Autorin dafür, dass Kindern und Jugendlichen nicht von ihrer Hochbegabung berichtet wird. Hintergrund ist, dass die Kinder dann keine Arbeitshaltung zur Schule fänden und im Vertrauen und auf der Basis des Wissens um ihre Hochbegabung nicht lernen würden. Das wäre in der Tat schlimm. Als Beleg führt sie einen Einzelfall aus ihrem eigenen Frühstudium an, den sie allerdings nur im Rahmen einer Bewerbung für ein Studienprogramm gesehen hat und in dessen Entwicklung sie nicht weiter verfolgte. So begründet sie auch, dass es nicht sinnvoll ist, die im Rahmen von Evaluationen festgestellte Hochbegabung diesen Probanden mitzuteilen. Psychologen und Hochbegabte aus meinem Umfeld rücken diese Argumentation gut begründet und nach leidvoller Erfahrung mit nicht aufgeklärten Kindern in die Nähe von „unterlassener Hilfeleistung".

Die nackte Wahrheit in diesem Fall ist ganz eindeutig: Wer Kindern eine quälende, am eigenen Selbstbild nagende Zeit der Selbstzweifel und möglicherweise sich dauerhaft manifestierender Ohnmacht ersparen möchte, der kläre sie auf und unterstütze sie in der Bewältigung des dadurch bestimmt nicht leichter, aber klarer, und damit bewältigbarer werdenden Alltags.

In diesem Büchlein geht es um einfache Aufklärung zum Thema Hochbegabte. Es könnten auch Ausländer, Behinderte, Musiker, Lehrer oder andere sein, über die jeder Bescheid weiß, auch wenn er keinen einzigen je gesehen, geschweige denn gesprochen hat.

---

[4] Dass diese Sendung jemals eingestellt werden würde, wie es wohl 2015 geschehen wird, verwundert. Denn es ist wohl eines der liebsten Hobbies der Menschen, andere Menschen ein gewisses Risiko eingehen zu sehen, und hinterher zu bewerten, ob es das wert war, ohne sich auch nur in die Nähe dieser bewunderten oder mit Häme übergossenen Menschen begeben zu müssen, geschweigedenn selbst ein Risiko einzugehen.

Dass alle diese Gruppen, manchmal ja sogar „Frauen" gerne auch als „Randgruppen" oder „Minderheiten" bezeichnet werden, wird dadurch nicht schöner, dass sie ab und zu ins Rampenlicht gerückt und noch so wohlwollend brachtet werden.

Nach der Lektüre dieses schmalen Büchleins kann das – für den, der es gelesen hat und den es interessiert – ein bisschen anders aussehen. Denn alle diese Gruppen von Menschen in unserem Lande wollen weder irgendwie mit dem Begriff „minder" in Verbindung gebracht werden und schon gar nicht am Rande stehen. Ganz im Gegenteil. Die meisten Hochbegabten wünschen sich einfach nur, ein unauffälliger, aber geachteter Teil der Gesellschaft zu sein.

Dieses Booklet ist sozusagen der Versuch einer Kurzfassung einer Gebrauchsanweisung für „Hochbegabte". Nicht mehr, aber auch nicht weniger.

Bremen, im Dezember 2014

Heinz-Detlef Scheer

Zur Wortwahl

In diesen Texten – wie in allen, die der Autor zum Thema „Hochbegabung" bisher schrieben hat, ist die Rede von „Hochbegabten" und von „Normalbegabten". Die einen sind also „hoch" begabt, die anderen „normal" begabt.

Diese Bezeichnungen beziehen sich NICHT auf einen irgendwie gesellschaftsbezogenen Status der Person, auf deren Wert für andere Menschen, auf deren Bewertung oder Be-, schon gar nicht Ver- und Vorverurteilung, sondern auf die schlichte Tatsache, dass es Menschen gibt, die in Intelligenzteste, die nachgewiesenermaßen den sogenannten „g-Faktor", der gemeinhin „allgemeine Intelligenz" genannt wird, viele Punkte erzielen und andere Menschen, die eher weniger (z.b. durchschnittlich viele) Punkte erzielen.

Da im normalen Sprachgebrauch – wenn es um Zahlen geht – bei Zahlen z.b. von 130 eher von „hohen" Werten und bei Zahlen von 70 in einem Spektrum von ca. 50 bis 150 eher von „niedrigen" und bei 100 eher von „durchschnittlichen" Werten gesprochen wird, hat sich der Autor, der selbst mit dem Ausdruck „hoch" wegen der immer wieder nahegelegten Wertung unglücklich ist, die sich auf ganz andere Kriterien als Intelligenz bezieht (denn in diesem Zusammenhang ist hoch und niedrig eindeutig und nicht diskutierbar als „mehr" oder „weniger" definiert und konnotiert) entschlossen, keine neuen Kunstbegriffe zu erfinden, die sicherlich nur zu neuen missverstandenen Konnotationen führten, zu entwickeln, sondern dem alltäglich Sprachgebrauch trotz des Risikos des Arroganzvorwurfs zu folgen.

Ob wir insgesamt möglicherweise in einer besseren Welt lebten – und ich bin sicher, dass wir das täten – wenn es weniger Dichotomisierungen gäbe, z.B. in „hoch" und „tief", „innen" und „außen", „schwarz" oder „weiß", ist eine sehr wichtige Frage, um die es aber in diesem Büchlein nicht geht. Hier geht es darum, was passiert, wenn es wie im Moment üblich diese Schwarz-Weiß-Etiketten gepflegt werden.

Den üblichen Absatz an dieser Stelle zum Thema Mann oder Frau oder man oder frau oder sie/er oder beide oder wie oder was spare ich mir hier: Ich meine immer Menschen, egal wie ich mich ausdrücke, es sei denn ich weise ausdrücklich auf bestimmte Geschlechterrollen hin, die ja bekanntlich mitnichten mit den 60er Jahren ausgestorben sind.

... und fragen Sie Ihren Arzt oder Apotheker!

Falls Sie sich nicht sicher sind, ob Sie selbst hochbegabt sind oder nicht, machen Sie einen Test, dann haben Sie Klarheit. Dieser Test hat nichts mit „Schule" oder einer „Prüfung" zu tun. Er dient lediglich der Feststellung Ihres kognitiven Potenzials. Nichts anderes. Er sollte angespornt durch Eigenmotivation, durch Neugier auf sich selbst gemacht werden. Wer weiß, vielleicht gilt auch für Sie, dass Sie gar nicht so „schwer von Begriff" sind, wie Sie manchmal meinen. Oder wie anderen Ihnen gerne nahelegen würden, die das einzige Problem haben, dass sie Sie möglicherweise einfach nur oft nicht verstehen. Wenn Ihnen das dann häufig genug als Unfähigkeit zurückgespiegelt wird, dann glauben Sie irgendwann tatsächlich, dass Sie einfach zu blöde sind, um etwas zu erklären. Das würde jedem so gehen, auch einem Hochbegabten natürlich. Frauen haben hier eine besonders schlechte Karte gezogen, denn trotz aller Bemühungen um Emanzipation: Am Endes des Weges sind wir da noch lange nicht und die alten Vorurteile sind immer noch in der lang dauernden Spätblüte.
Schlechte Zensuren oder fehlende Schulabschlüsse, Ärger mit Lehrern und Chefs sind keine Zeichen von Dummheit!
Es könnte sein, dass z.B. Ihre eher geringe Selbsteinschätzung als Frau nicht an Ihren tatsächlichen Möglichkeiten liegt, sondern daran, dass Sie im Laufe des Lebens gelernt haben, einem Vorurteil oder einer Fehleinschätzung aufgrund eines in der Interaktion von „Normal"- und „Hochbegabten" gängigen Missverständnisses zu entsprechen!
Und Vorsicht! Eine meiner Coaching-Kundinnen empfand den Ausdruck „Vertreibung *ins* Paradies" als passend für ihre Situation. Sie war zwar glücklich, endlich ihre wirklichen Fähigkeiten kennengelernt zu haben, als sich herausstellte, sie sei „hochbegabt". Sie sah aber auch sofort, dass sie quasi nicht mehr „zurück" konnte. Und Fragen quälten sie: „Warum habe ich erst jetzt davon erfahren? Was hätte ich ....?!" Später wurde ihr deutlich, auf was für eine Reise sie sich gerade begeben hatte: Zu neuen Erkenntnissen, interessanten Menschen, Ideen, Gedanken und Gefühlen und vor allem: zu sich selbst! Und gibt es auf unserer Welt etwas Schöneres, als noch zu Lebzeiten zu sich selbst zu finden? Solange unklar bleibt, was hinterher sein wird...

Glossar

Talent	Talent hat jemand, der irgendetwas herausragend gut und schnell lernen kann, z.b. Klavier oder Tennis spielen oder Jonglieren
Savant	(= „Wissender") Früher leider „idiot savants" genannt: Menschen, die auf einem Gebiet extreme Fertigkeiten zeigen, aber ansonsten nur (weit) (unter)durchschnittliche Leistungen[5]
Hochbegabung	Im Allgemeinen versteht man unter Hochbegabten Menschen, die in einem anerkannten wissenschaftlichen Verfahren einen IQ von mindestens 130 nachgewiesen haben
Höchstbegabung	Unklarer Begriff, der sich entweder auf extrem hohe IQ-Werte von 145 und mehr bezieht oder einfach nur das Erstaunen über sehr hohe Intelligenz ausdrückt
Genie	Schwieriger, unklarer Begriff, der sich eigentlich auf eine besonders extreme, bereits erbrachte Leistung bezieht und weniger auf die Fähigkeit, solch eine Leistung erbringen zu können. Selten ernsthaft benutzt. Schon gar nicht von Hochbegabten
Glück	Begriff, dessen Bedeutung in keinerlei direkter Ursache-Wirkungs-Beziehung zu irgendeinem Begabungslevel steht

---

[5] Es gibt Menschen, die sehen dieses Phänomen inzwischen sehr viel differenzierter. Hier soll aber nur ein grober Überblick gegeben werden.

1. Hochbegabte Menschen sind autistisch oder haben ein AD(H)S (= Auf-merksamkeits-Defizit-[Hyperaktivitäts-]Syndrom)

Es gibt hochbegabte Autisten, zweifellos. Aber ebenso wenig, wie Autisten normalerweise hochbegabt sind, sind hochbegabte Menschen in der Regel autistisch.

Erst wenn beide Phänomene zusammenfallen, wird es für die Betroffenen zuweilen mehr als schwierig, überhaupt ein normales Verhältnis zur Umwelt aufzubauen. Autisten werden häufig als Drückeberger oder Simulanten betrachtet, Hochbegabte häufig als besserwisserisch und arrogant. Wer es bis dato weder mit Hochbegabten zu tun hatte noch mit Autisten, wird es hier schwer haben. Hochbegabte Autisten wiederum haben es doppelt schwer, sich verständlich zu machen oder bei anderen Menschen überhaupt auf etwas anderes als Unverständnis, Ablehnung und Aggression zu treffen. Oft haben sie in einer mehr als leidvollen Kindheit, in der sie von verständnislosen und überforderten Eltern und Lehrern in die Schublade „dumme, neunmalkluge Mimosen" gesteckt wurden, gelernt, dass sie eben einfach „blöde" sind.

Sie werden oft als unbelehrbare „Patienten" etikettiert, die nichts verstehen und auch noch einen immensen Stress empfinden, wenn sie in Kontakt zu anderen Menschen treten (müssen). Ähnlich verhält es sich mit dem ADHS (Aufmerksamkeits-Defizit-Syndrom mit Hyperaktivität) bzw. dem ADS (Aufmerksamkeits-Defizit-Syndrom) auf der einen Seite und Hochbegabung auf der anderen Seite. Oft wird das eine als die Ursache des anderen Phänomens gesehen. Hinweise auf derartige Zusammenhänge gibt es meines Wissens aber auch hier nicht [1].

Es gibt ja auch Normalbegabte mit und ohne Neurosen oder schlechtem Mundgeruch. Das in der letzten Zeit „in Mode" gekommene Asperger-Syndrom (ein Autismus-Syndrom) macht es durch die Popularität bei Journalisten nicht wahrscheinlicher, dass Hochbegabung mit Autismus einhergeht.

Viele Menschen verwechseln „Traurigkeit" mit „Depression". Und so wird oft die Neigung einiger Hochbegabter, länger mit sich selbst allein sein zu können als andere Menschen oder einfach nur länger und hartnäckiger an einer Aufgabe zu arbeiten, mit autistischen Zügen verwechselt.

Hochbegabte wirken häufig eher introvertiert. Das könnte aber schlicht daran liegen, dass ihre Außenkontakte oft als unbefriedigend erlebt werden. Wer jemals Feste größeren Ausmaßes mit Hochbegabten erlebt hat, weiß, wie extrovertiert sie sein können.

2. Hochbegabte Menschen sind Schulversager

Von Einstein wird gerne berichtet, er sei ein Schulversager mit einem IQ von 180 gewesen. Weder das eine ist vermutlich „wahr", noch das andere. Vielleicht waren seine vielen „Sechser" im Zeugnis einfach nur durch die damalige in dieser Hinsicht umgekehrte Skala der schweizerischen Zeugnisse bedingt?

Zweitens gibt es bis heute alleine schon wegen der mangelnden Vergleichsstichprobe kaum bis keinerlei Möglichkeit, in diesem Bereich überhaupt einen IQ vernünftig zu messen. Und die Daten der Schätzer, die ja auch problemlos Menschen wie Caesar, Stalin, Hitler, Napoleon, Mozart oder andere vergangene Größen einschätzen, dürften auf wackeligen Füßen stehen.

Die Mär, Hochbegabte würden in der Schule versagen, speist sich vermutlich eher aus dem Bedürfnis Nichthochbegabter, die bei ihnen allein schon durch die Tatsache, dass jemand „hochbegabt" sein könnte, gefährdete Balance wiederherzustellen, indem die Hochbegabung durch wenigstens eine eklatante Minderbegabung wieder „ausgeglichen" werden muss. Daher vermutlich auch das hartnäckige Vorteil „Genie und Wahnsinn" lägen so nah beieinander. Hier liegt eher Hochbegabung und depressive Verstimmung beieinander gerade wegen dieses hartnäckigen Vorurteils.

Die meisten Hochbegabten leben völlig unauffällig, gehen „normalen", angesehenen Berufen nach, arbeiten als Handwerker oder Facharbeiter, Hochschullehrer, Angestellter oder Beamter. Einige sind extrem erfolgreich und/oder prominent, andere schaffen mit Ach und Krach die Hauptschule oder nicht einmal das.

Wie im richtigen Leben sozusagen.

Hochbegabung schützt einen nicht davor, in Schule, Beruf und im Leben komplett zu versagen. Ganz im Gegenteil. Und deswegen geschieht das leider auch häufiger, als man vermuten würde.

Wahrscheinlich scheint außerdem, dass Hochbegabte oft nicht die besten sozialen Anpasser abgeben und deswegen von sich selbst verteidigenden Lehrern als „persönlichkeitsgestört" oder „verhaltensauffällig" diagnostiziert und behandelt werden. Die Gründe, warum ein Hochbegabter in der Schule nicht die von ihm erwarteten Leistungen bringt, sind vielfältig. Einige sind faul, andere haben nie das Lernen gelernt, weil es immer ohne „pauken" gerade noch so ging. Bis es dann doch nicht mehr ging. Andere leisten aus Trotz nichts, weil der Lehrer sie gar nicht erst versucht zu verstehen, geschweige denn ernst zu nehmen.

3. Hochbegabte Menschen sind arrogant

Manche Hochbegabte wirken hier und da arrogant, das ist richtig. Mein Nachbar, König der Grillköche, wirkt immer, wenn er von seiner Grillkunst spricht, arrogant. Ein Segelclubkamerad wirkt immer arrogant, wenn er über andere Menschen spricht. Beide sind eher unterdurchschnittlich intelligent.

Die arrogante Wirkung Hochbegabter kommt meist dadurch zustande, dass Hochbegabte wegen ihrer, in der Tat schnelleren Auffassungsgabe, oft ungeduldig und unnachsichtig wirken gegenüber Mitmenschen, die langsamer sind und denen dann ein Hochbegabter manche Dinge mehrfach erklärt, damit sie sie verstehen.

Der Ausspruch eines Hochbegabten: „Das habe ich doch gestern schon gesagt, muss ich denn alles dauernd wiederholen?!", dazu ein genervter Gesichtsausdruck und ein leises Stöhnen, können einen Normalbegabten zur Weißglut treiben, der versucht, etwas zu verstehen, was ihn erstens interessiert und wo er zweitens durchaus mitreden könnte, wenn er denn wüsste, worum es geht.

Erschwerend kommt zumindest in unserer Gesellschaft hinzu, dass niemand anscheinend in der Lage ist, wirklich ohne Wertung über andere nachzudenken. So unterstellen Normalbegabte Hochbegabten häufig, sie hielten sich für etwas Besseres, wohingegen Hochbegabte Normalbegabten gerne unterstellen, sie würden sich sozusagen mutwillig, also gezielt, nicht genug anstrengen und deswegen nicht mitkommen.

Es macht aber keinen Sinn, jemandem etwas vorzuwerfen, was er nicht beeinflussen kann oder was im eigenen Hirn entstanden ist.

Schwer zu verstehen ist es unter Umständen, dass Hochbegabte zur Entspannung Dinge tun, die andere nicht einmal unter Androhung von Prügel in der Schule gemacht hätten. Einfach weil es sie interessiert oder sogar Spaß macht. Sie sind häufig neugierig auf alles und jedes. Nicht weil sie damit jemanden ärgern wollen. Da fällt selbst den Hochbegabten dann doch etwas Besseres ein!

Und deswegen wird es in den meisten Fällen so sein, dass Hochbegabte arrogant *wirken*, aber nicht *sind*.

4. Hochbegabte Menschen sind nachtragend

Stimmt. Wenn das zum Beispiel bedeutet, dass ein Verbrechen auch 15 Jahre später noch ein Verbrechen und genauso moralisch zu verurteilen ist. Es handelt sich doch um dasselbe Geschehen, was sich durch Zeitablauf nicht ändert. Die Frage kann nur sein, ob es demjenigen, der die Tat begangen hat, noch und wenn ja wie lange „nachgetragen" wird. Und das entscheidet nicht der IQ.

Hochbegabte reagieren auf Betrug, Untreue, Wankelmütigkeit, Unzuverlässigkeit und ähnliche Phänomene im alltäglichen Leben extrem sensibel. Manchmal mürrisch bis aggressiv. Und das schon als Kind. Es wirkt katastrophal, wenn Hochbegabte ausgerechnet die Erwachsenen, von denen sie ja genauso abhängig sind wie alle anderen Kinder und Jugendlichen, nicht als glaubwürdig wahrnehmen können, sondern sie als „Betrüger" entlarven müssen. Z.B. wenn sie rauchend dozieren, wie lebensgefährlich das Rauchen ist. Denn erschwerend kommt doch hinzu, dass genau diese Erwachsenen einem beigebracht haben, was sie selbst (angeblich) unter Moral und Ethik verstehen. „Verzeihung" haben einige Hochbegabte nicht immer in ihrem Repertoire. Alleine schon, weil es für Verzeihung eigentlich keine stringente Logik gibt.

Hochbegabte neigen manchmal dazu, andere anzugreifen, ohne es selbst auch nur entfernt zu bemerken, weil es sich für Hochbegabte so darstellt, als sprächen sie lediglich „Tatsachen" aus. Sie verstehen manchmal tatsächlich, auch Jahre später nicht, warum jemand sich persönlich angegriffen fühlte, nur weil sie ihm unter Zeugen direkt ins Gesicht gesagt haben, dass seine Arbeit „objektiv" nichts taugt. Kommentiert mit den Worten: „...dass man sich absolut nicht erklären kann, wie man auf eine solch abwegige `Lösung´ überhaupt kommen kann", wie die, die gerade allen Beteiligten offenbar doch so große Probleme bereitet!

Sie haben teilweise deswegen unter Umständen relativ wenige freundschaftliche Beziehungen. Oder sie merken erst zu spät, dass ihre „Freunde" sich selbst gar nicht als solche definieren und oder sich gar nicht freundschaftlich verhalten. Vor allem nicht in Krisen, wenn man Freunde am dringendsten braucht.

Möglicherweise unterscheidet sie das auch nicht wesentlich von anderen Menschen. Die ihnen oft aber fälschlicherweise zugeschriebenen „Eigenschaften" „besserwisserisch", „arrogant" und „nachtragend" stabilisieren sich jedenfalls als Fremdbild schnell gegenseitig in der Interaktion mit ebenso auftretenden anderen.

5. Hochbegabte Menschen sind sozial inkompetent

Das Bild vom zerstreuten Professor, der in der Mittagspause mal eben seinen Nobelpreis abholt und dabei zwei ungleiche Socken trägt, ist Legende. Aber eine, die jeder Grundlage entbehrt. Dass Hochbegabte in der Regel ihr alltägliches Leben nicht geregelt kriegen, ist ebenfalls ein beliebtes Vorurteil. Leider leben wir in einer mittlerweile vornehmlich auf Leistung getrimmten Gesellschaft, die dann auch noch fälschlicherweise Hochbegabung mit Hochleistung gleichsetzt und diese ohne Wenn und Aber einfordert. Die Welt wäre vielleicht eine bessere, wenn jeder Normalbegabte gezwungen wäre, als Gegenzug zu dieser Logik angesichts eines weniger intelligenten oder „behinderten" Menschen – körperlich wie geistig – bei diesem eine besondere Fähigkeit zu erkennen, um die Balance wiederherzustellen. Dies wäre dann nicht nur „gerechter", sondern vor allem möglich und „richtig".

In meiner Praxis tauchen immer häufiger Abiturienten auf, die zwar ein exzellentes Abi „gebaut" haben, aber bei nur noch 8 Jahren Gymnasium, Ganztagsschule und permanentem Leistungsdruck weder jemals gearbeitet haben, noch Geld verdient, noch irgendwie anders Erfahrungen in berufsnahen Arbeitswelten schöpfen konnten. Es bleibt die komplette Ziellosigkeit. Kein guter Einstieg ins (Berufs-)Leben.

Die, die es trifft unter den Hochbegabten, und das dürften prozentual etwa genauso viele sein wie in der „Normalbevölkerung", trifft es aber besonders hart. Denn die empfundene Diskrepanz zwischen hoher Intelligenz und alltäglichem Versagen ist natürlich eine besonders erschreckende.

Persönlichkeitsentwicklung, bewusste Ausbildungs- und Berufswahl ist ganz etwas anderes. Resignation ist bereits mit 20 die häufige Folge.

Eltern „freunden" sich oft nur schwer mit der Hochbegabung ihrer Kinder an: „Wenn du das früher gewusst hättest, hättest du jetzt Erfolg und Geld!", so der einzige Kommentar des Vaters eines 50-jährigen Freundes auf die Nachricht, dass dieser sich hatte testen lassen und einen IQ von über 130 bestätigt bekommen hatte. Leider ist eine solche Reaktion keine besonders seltene Ausnahme. Allerdings auch nicht, dass Hochbegabte nach 50 Jahren ausgerechnet bei diesen Menschen immer noch sehnlichst um die bisher bitter vermisste Anerkennung geradezu flehentlich buhlen.

6. Hochbegabte Menschen sind Streber

In Wahrheit gibt es mindestens so viele hochbegabte Klassen-kasper wie „Streber", wobei keine der beiden Rollen wirklich befriedigend sein kann. Dem „Streber" nimmt keiner ab, dass er sich tatsächlich für das Fach interessiert. Er muss ab und zu „beweisen", dass er noch zur Schülergruppe gehört und nicht bereits zur Lehrergruppe. Die Lehrer sind eher pikiert und beleidigt, weil sie sich in ihrer Rolle als Besserwisser gefährdet sehen und weil sie Hochbegabte als gefürchtete Konkurrenten eher ausbremsen, anstatt sie zu fördern. Auch wenn das in den letzten Jahrzehnten besser vielleicht geworden ist. Die schlechte Laune, die auf Seiten der Streber dann durch die ewigen Sticheleien der anderen Schüler entsteht, gilt schließlich als Beweis für die grundsätzliche Spaß- und Genussfreiheit hochbegabten Denkens. Wer jemals ein Treffen hochbegabter Menschen erlebt hat, weiß, dass Hochbegabte lachen können wie alle Menschen, allerdings über möglicherweise andere Dinge als andere Menschen. So wie eben jeder seinen Geschmack hat und seine Art des Humors.

Der Klassenkasper ist eine Rolle, die jemanden eine Zeit lang entlasten kann, und sie verschafft Anerkennung bei den anderen Schülern. Allerdings um den Preis der Späße, die man machen muss, ob man will oder nicht, um die Beliebtheit zu erhalten. Und die sind eben nicht die, über die man selber gerne lacht. Vielen gelingt es später nicht mehr, diese Rolle zu verlassen. Zumindest ein Schülerleben mit angezogener Handbremse droht.

Hat man Pech, setzt sich das Ganze im Berufsleben fort. Wer es nicht geschafft hat, neben seiner Fachexpertise ein gerüttelt Maß an sozialer Kompetenz zu erwerben, scheitert beim Aufstieg, denn in den oberen Hierarchie-Etagen herrschen ganz andere Spiel-regeln, als Hochbegabte sie von vornherein kennen oder schnell ins eigene Handeln integrieren könnten. Manchmal auch wollten!

Da nützte dann auch das gekonnte Streben nichts mehr, wenn es der Hochbegabte denn wollte. Denn die Kriterien sind anders, oft eher gegenteilig zu dem Gelernten. Hier ist eben bis vielleicht in der Ausnahme der Fachkarriere in der Forschung- und Entwick-lungsabteilung gerade kein Fachwissen entscheidend, sondern die richtigen Netzwerke. Gut beraten, wer sich hier einen Coach engagiert, der sich nicht nur mit „Karrieren" auskennt, sondern auch mit dem Phänomen „Hochbegabung", ohne Vorurteile und Neidgefühle. Weil er selbst betroffen ist. Das wäre wohl effektiv.

7. Hochbegabte Menschen sind mimosenhafte Sensibelchen

Hochbegabte wirken oft übertrieben empfindlich. Die zuweilen mimosenhafte Wirkung kommt allerdings wohl eher dadurch zustande, dass im Allgemeinen die Reaktionsgeschwindigkeit höher ist und damit oft nach außen eine Wirkung entsteht, die als überdreht sensibel empfunden wird. Häufiger passiert es Hochbegabten, dass sie – obwohl sie sehr schnell reagieren – trotz ihrer Schnelligkeit nicht recht wissen, wie sie reagieren sollen, weil sie mehrere Argumente gleichzeitig verarbeiten und sich nicht entscheiden können. Schließlich gibt es auf fast jede Aktion theoretisch mehrere bis viele Reaktionsmöglichkeiten. Dazu kommt bei vielen Hochbegabten eine gesteigerte Sensitivität. Das wirkt oft dann für den Hochbegabten selbst wie nach außen verwirrend.

Während der Hochbegabte noch überlegt, denkt der Gesprächspartner bereits: „Der will mit mir nicht sprechen, ich bin ihm wohl nicht gut genug!" oder „Der ist wohl blöde, warum antwortet der nicht?!" oder „Jetzt ist der beleidigt, ach du meine Güte!"

Manchmal ist das Gesprächsthema bereits drei Runden weiter, wenn vom Hochbegabten endlich eine Antwort – meist noch im Konjunktiv formuliert – kommt. Beispiel: „Das kommt darauf an. Also man könnte sagen, dass alle Menschen ... aber, wenn man berücksichtigen würde, dass es meistens ja gar nicht dazu kommt, dass…" usw. Für die Umstehenden unerträglich wichtigtuerisch, für den Hochbegabten entsetzlich frustrierend, weil er etwas wirklich Durchdachtes zum Besten geben wollte. Die beleidigte Reaktion auf die Gruppenreaktion ist vorprogrammiert. „Also Ihr interessiert Euch gar nicht dafür, was ich zu sagen habe, na gut…!"

Ganz allgemein gilt wohl: Wer viel und schnell wahrnimmt, reagiert auch schnell und viel. Und viele Menschen erwarten gar keine Reaktion auf das, was sie sagen, das kann der Hochbegabte aber gar nicht akzeptieren. Er nimmt jede Frage als solche ernst und beginnt, an der Antwort zu feilen, für die er dann auch mindestens eine kommunikative Quittung haben möchte. Die kriegt er oft aber nicht, weil sein aktueller „Gesprächspartner" mit seiner Bemerkung gar nichts anfangen kann.

Versuchen Sie einmal mit jemandem ernsthaft über eine Katze zu sprechen, die Sie gerade fasziniert hat, die der andere aber gar nicht wahrgenommen hat. Oder jemand hört laufend Untertöne, wo keine „sind", oder liest zwischen den Zeilen, wo gar nichts steht… und fragt Sie nach Absichten, die Sie nicht einmal denken.

8. Hochbegabte Menschen sind labile Persönlichkeiten

Hochbegabte sind stabil und manchmal labil in ihren Denk- und Handlungsweisen, wie andere Menschen auch. Der Eindruck, den Hochbegabte öfter machen und der dann als labile Persönlichkeit tituliert wird, scheint mindestens auf folgende Weise zustande zu kommen:

Erstens können sich Hochbegabte oft nicht für eine von mehreren Alternativen entscheiden, weil es so und so viele Möglichkeiten gibt und beim Denken immer mehr davon „entstehen". Etwas, was „Normalbegabte", aber auch andere Hochbegabte, oft nicht interessiert, die eher pragmatisch eine Entscheidung wollen und direkt mit einem Thema, einer Sache weiterkommen möchten und nicht in jedem – auch im unbedeutendsten – Falle eine wenigstens theoretisch optimale Entscheidung suchen mögen.

Die Geschichte des „Wenn du nicht auf unserer Seite bist, bist du gegen uns" funktioniert bei Hochbegabten nicht. Dazu gibt es zu viele Grauzonen im Leben!

Zweitens springen Hochbegabte oft von einem Thema zum anderen - und das mitten im Gespräch. Das können andere oft nicht ertragen, weil sie nicht mehr wissen, worum es geht. Das wird dann oft als labile Persönlichkeit interpretiert, obwohl der Betroffene nur zwischen den 5-6 Filmen, die gleichzeitig in seinem Kopf ablaufen, sozusagen im Time-Sharing Verfahren hin und her wechselt.

„Entscheidungsschwäche" und „Wankelmütigkeit", denn Hochbegabte ändern auch noch relativ oft ihre Meinung, je nachdem, welche neuen Informationen dazukommen, sind bei uns nicht gut angesehen. Wir feiern Jubiläen und nicht häufige Jobwechsel. „Lücken" im Lebenslauf (was soll das sein: Totzeiten?!) irritieren immer noch fast jeden Personalchef, und Hochbegabte haben reichlich davon (weil sie meistens noch andere Themen haben, als Karriereleitern zu erklimmen).

Die Leute, die diese „Lücken" beklagen, sollten sich aber fragen, wen sie in einer Talkshow denn nun interessanter fänden: den mit einem aalglatten Lebenslauf oder den, der Zickzack durchs Leben gelaufen kam.

Hier wünschen sich hochbegabte Bewerber oft „US-amerikanische Verhältnisse": Dass man nach seinen Fähigkeiten und Fertigkeiten und nicht nach seinen „Scheinen" beurteilt und eingestellt oder bezahlt, wenigstens aber gewürdigt würde.

9. Hochbegabte Menschen sind schlau und gebildet

„Schlau" ist ein dehnbarer Begriff. Es gibt Bauernschläue, „schlaue Kerlchen", „Schlaumeier", „Schlauchen" usw.

Hochbegabte begreifen oft schnell und scheinbar ohne jede Anstrengung. Das wird aber nicht unbedingt mit dem Wort „schlau" assoziiert. Und so mögen Hochbegabte das Wort nicht immer gerne. Denn da schwingt dann leicht ein hämischer Klang der Ironie mit: „Wenn du so schlau bist, warum weißt du das denn jetzt nicht?!" oder wie ein Vortragstitel der Mensanerin Vosen-Pütz ohne Häme aussagt: „Lebensfallen für Mensaner oder warum wir nicht ALLE reich, berühmt und erfolgreich sind".

Eine hohe Intelligenz hat mit Schläue und mit „Bildung" zunächst nicht viel zu tun. Einige Hochbegabte haben gerade deswegen, weil ihnen der Schulstoff so leicht fiel und sie trotz Schwänzens und Herumalberns in der Schule jede Prüfung bis zum Abitur schafften, nie gelernt zu lernen. Konzentrieren, ja! Aber nur für wenige Minuten. Durchhalten, ja! Aber nur den ständigen Wechsel von einem zum anderen Thema. „Büffeln" ist Hochbegabten oft ein Graus! Oft passt der Stoff eben einfach nicht.

Außerdem ist mit „schlau" häufig „Besserwisser" gemeint. Oft würde das sogar stimmen, aber wenn ein Hochbegabten dann er nicht einmal in der Lage ist, die drei Vornamen des Liberos vom FC Groß-Mackenstedt aufzusagen, ist der Beweis erbracht: Hochbegabte sind nicht schlau. Und die Welt ist wieder in Ordnung.

Die meisten Hochbegabten übrigens interessiert das gar nicht: Sie sind entweder tatsächlich sehr erfolgreich oder unauffällig durchschnittlich unterwegs. Aber für die, die mit der besagten angezogenen Handbremse durchs Leben „fahren", ist es bitter. Sie können sich nicht erklären, warum sie nicht vom Fleck kommen, wo sie doch einen 256-PS-Motor haben. Diejenigen ohne die erleichternde verinnerlichte Nachricht, dass es völlig normal ist, dass Menschen in den meisten Merkmalen unterschiedlich sind und auch sein dürfen nennen sich selbst oft auch noch abwertend „Underachiever"! Sie werden das subjektive quälende Gefühl nicht los, weit unter den eigenen Möglichkeiten zu bleiben.

Dies passiert allerdings nur, weil das gängige Bildungssystem in großen Teilen für Hochbegabte gar nicht zum Lernen geeignet ist. Es langweilt sie, es bietet uninteressanten Stoff. Anhaltende Unterforderung untergräbt aber die Motivation und damit die Lernfähigkeit.

10. Hochbegabte Menschen sind Hochleister und Experten

Dieses Thema ist mit der Schläue (s.o.) verwandt. Hochbegabung bedeutet nicht Hochleistung. Ganz im Gegenteil ist Hochbegabung in Kombination mit der Unfähigkeit, sich konzentrieren zu können oder durchzuhalten, oft geradezu die Ursache für „Minderleistung". So gibt es eine starke Minderheits-Gruppe unter den Hochbegabten, die sich selbst „Underachiever" nennt. Das bedeutet in diesem Zusammenhang „die nicht leisten, was sie könnten". Die meisten Underachiever leben in dem Bewusstsein, dass sie deutlich mehr leisten müssten, als sie in der Lage sind.

Hier wirken verschiedene Faktoren fatal. Eltern haben ständig gefordert, aber selten bis nie gelobt, sich lustig gemacht über den „kleinen Professor", ihn aber nicht mit Lernstoff versorgt, ganz im Gegenteil: seine Bemühungen sabotiert. Die Angst vor der Schlauheit der Kinder treibt manche Eltern zu geradezu unmenschlichen Verhaltensweisen!

Das setzt sich im Erleben und Fühlen der Hochbegabten fest: „Ich kann machen, was ich will, ich kann es keinem recht machen, ich bin zu keiner wirklichen Leistung imstande, ich bin nichts wert." Nicht wenige flüchten dann in Drogen und andere Exzesse bis hin zum Selbstmord. Eigentlich müsste daraus ein Tatbestand der unterlassenen Hilfeleistung gemacht werden können oder ein noch schlimmerer. Aber Gesetze bewirken eben kaum eine wünschenswerte Entwicklung gesellschaftlicher Realität. Wer Menschen erlebt hat, die mehrere Ausbildungen und Studien erfolgreich abgeschlossen haben, sich aber nicht bewerben mögen aus Angst, wegen „Unfähigkeit" abgelehnt zu werden, weiß, was gemeint ist.

Dazu kommt bei vielen noch die Unmöglichkeit, irgendetwas zu beenden, und sei es die eigene Ausbildung, denn man könnte ja etwas verpassen. So wird eine an sich erwünschte Haltung zum „lebenslangen Lernen" zuweilen zum Vorhof der Hölle auf Erden. Der Wunsch, ein wandelndes Lexikon zu sein, findet sich zwar auch bei Hochbegabten, endet aber oft im Dasein einer Informationsverarbeitungsmaschine, die dauernd neues Futter braucht, es aber eigentlich nicht in anerkannte Leistung verwandeln kann.

Die Zen-Buddhisten sagen „Zen-Geist ist Anfänger-Geist". Der Experte ist kein Anfänger, er lernt nichts mehr, er weiß ja schon alles. Für viele Hochbegabte eine unerträgliche Vorstellung des Stillstands.

11. Hochbegabte Menschen sind unsportlich

Unsportlich und körperfeindlich, genussunfähig, ungelenk, mit unterentwickelten Muskeln und voller Haltungsschäden. „Eierköpfe" mit Glasbausteinen als Brille, die 24 Stunden vor dem Computer sitzen und sich nicht bewegen. So stellen sich manche den Prototyp eines Hochbegabten vor.

Nicht nur Arnold Schwarzenegger gehört zu den Hochbegabten dieser Welt, sondern auch diverse andere Hochleistungssportler. Beate Bischler beispielsweise, die nicht nur hochbegabt, sondern auch fast blind ist, und trotzdem „für Deutschland" in Athen Medaillen errungen hat... Hochbegabte finden sich im Breitensport und unter Extremsportlern, die zum Beispiel auf dem Rad Strecken bewältigen, die andere schon bei der Vorstellung zu einer Selbstverteidigungshaltung à la Churchills „no sports" bringen, aber nicht zur eigenen Bewegung.

Nicht nur die alten Griechen wussten, dass Sport die Intelligenz fördert (Gymnasium = Begriff für eine sportliche Wettkampfstätte!), nach ein paar Tausend Jahren hat sich das auch im heutigen Deutschland herumgesprochen: Man erleichtert paradoxerweise das Leben durch unzählige Maschinen und bevölkert dann die zahlreichen Fitnessstudios und Lauftreffs, weil man zu wenig Bewegung hat. Und in der Schule fällt Sport wie Musik schon fast regelmäßig aus (beides Hirnleistung fördernde Betätigungen).

Im Rahmen der oft und von vielen Menschen als elitär verachteten Hochbegabten-Clubs gibt es sogar auf den Treffen zahlreiche sportliche Events. Verkehrte Welt?

Den Hochbegabten Nerd gibt es natürlich tatsächlich! Genauso wie den Hauptschüler, der mit dem Bier in der Hand nicht vom Fernseher wegkommt, oder den lindenstraßensüchtigen Arzt, der so lange vor dem Fernseher verweilt, bis alle Kartoffelchips aufgegessen sind – egal ob mit „Kunstkäse" überbacken oder nicht – bis die Thrombose wegen Bewegungsmangel im Bein einsetzt!

Die Entscheidung, ob jemand Lust an der Bewegung hat oder nicht, wird nicht im Hirn in der Nähe eines IQ-Modems gefällt! Das ist wohl eher eine Frage der persönlichen Lerngeschichte.

Wer jemals die Mutter einer siebenjährigen Tochter am Strand erlebt hat, die geschätzte und subjektiv empfundene 156 Mal pro Stunde: „Nein, Sarah! Lass das, Sarah! Das ist zu gefährlich Sarah! - Komm zu Mutti, Sarah!" mit vor Entsetzen erstickter Stimme ruft, der weiß, was gemeint ist.

12. Hochbegabte Menschen sind oberlehrerhaft, zickig und streitsüchtig

Oberlehrerhaft sind Hochbegabte manchmal (siehe auch „Hochbegabte sind arrogant"), wenn sie etwas besser wissen, das auf der Hand liegt, aber keiner hören will, obwohl es zum Beispiel die Lage derjenigen, die es nicht hören wollen, erheblich verbessern würde. Das kann daran liegen, dass die Beziehung bereits ruiniert ist, dass den Hochbegabten keiner versteht oder dass aus Erfahrung vermutet wird, dass bei anhaltender Debatte die anstehende Fußball-Übertragung verpasst wird. Dies wiederum würde den Hochbegabten nicht stören, weil er u. U. multitaskingfähiger als andere ist und in der Lage, eine Fußball-Übertragung zu verfolgen, gleichzeitig ein kritisches Geschichtsbuch über die Zeit der europäischen Aufklärung zu lesen, gelangweilt ein Kreuzworträtsel zu lösen und mit zwei Gesprächspartnern zu sprechen, auch wenn das auch unter Hochbegabten nicht alltäglich ist.

Zickig werden Hochbegabte, wenn das öfter passiert und dieser Zustand länger als eine individuell gefühlte Zumutbarkeitsgrenze bestehen bleibt, ohne dass sie sich durchsetzen können.

Streitsüchtig werden Hochbegabte, wenn sie fragen, warum ihnen nach drei Stunden immer noch keiner zuhört und sie als Antwort bekommen, dass man von ihrem Geschwafel die Nase voll hat und sie ihren Weltschmerz irgendwo anders abladen sollen.

Richtige Streithähne werden Hochbegabte zuweilen, wenn sie auf der offiziellen Mitgliederversammlung des derzeit größten Hochbegabten-Clubs „Mensa" um eine Satzungsänderung streiten, die außerhalb des Saales weder eine nachvollziehbare Bedeutung hat, noch irgendjemand versteht, der nicht dabei war.

Aber das sind Ausnahmen wie in allen anderen Bevölkerungsschichten auch. Und jetzt werden *Sie* bitte nicht zickig, nur weil Hochbegabte genauso wie Sie Recht behalten wollen! ☺!

Und wie gesagt: Es gibt einfach Situationen, die durchblickt ein Hochbegabter schneller als andere. Und wenn er dann merkt, dass andere aus *Prinzip* nicht zuhören *wollen*, dann wird auch der besonnenste Hochbegabte schließlich zickig.

Und schließlich: Ob das tatsächlich so *ist*, was der eine dem anderen als Motivation für sein aktuelles Verhalten **unterstellt**, das sci cinmal **dahingestellt**, wo es hingehört: In die Vitrine zu den Spekulationen). Oberlehrerhaftes Verhalten ist oft wohl eher von einer grundsätzlich herablassenden Haltung anderen Menschen gegenüber geprägt als von der relativen Höhe eines IQ!

13. Hochbegabte Menschen sind chaotisch und unordentlich

Wer sieben Themen zugleich bearbeitet, für wen eine leere Pizzaschachtel oder ein voller Aschenbecher (kommt kaum noch vor) kein Hinderungsgrund ist, eine angefangene Arbeit weiter zu machen oder einen wichtigen Gedanken nicht nur deswegen unterbricht, weil sich der Staub, den man letzten Monat erst von der Fensterbank entfernt hat, zu Flusen formt und beginnt, als fast unsichtbare Macht das Zimmer zu erobern, der wirkt auf Menschen – z.B. auf andere Hochbegabte, für die es wichtig ist, in einer sauberen geordneten Umgebung ihre frei flottierenden Gedankensprünge zu beobachten und im Zaum zu halten – leicht mal chaotisch oder unordentlich. Kaum ein Hochbegabter weiß aber nicht zu berichten, welche Katastrophe eintritt, wenn irgendwer anders, der Ehepartner, die Putzfrau oder ein Kollege sich erdreistet hat, irgendetwas beispielsweise auf dem eigenen Schreibtisch zu sortieren, um „Ordnung" zu schaffen!

Hier bricht eine Welt zusammen, die in der sicheren Orientierung im Chaos bestanden hat, dessen Bedeutungs- und Wichtigkeitsberge zu der entstehenden „Ordnung" in reziprokem Widerspruch stehen. Hier kommt es zu Auseinandersetzungen der „Welten". Wieso sollte man einen Haufen geordneter Papiere schöner finden als unordentlich aufgeschichtete Stapel derselben? Hier sind wir also endlich mal bei der Bestätigung eines Vorurteils angelangt. Die Ästhetik einer Ordnung an sich im Zusammenhang mit Papier erschließt sich den meisten Hochbegabten nicht unmittelbar: Papier ist zum relativ altmodischen Transportieren und Archivieren von Informationen da, oder?

Es sei denn, der Hochbegabte hat Angewohnheiten, die einer Zwangsneurose ähneln, und ordnet und putzt den ganzen Tag, wie es unter „Normalos" ja auch von Zeit zu Zeit vorkommen soll. Viele Hochbegabte berichten, dass sie bei monotonen Tätigkeiten wie Stricken, Putzen, Holzhacken, Abwaschen o. ä. am konzentriertesten nachdenken könnten.

Dann denken die Nachbarn: Der ist gar nicht hochbegabt, der tut doch nur so. Da hat der Hochbegabte dann einen leichten Vorteil, wenn er in der Lage ist, ein 30-minütiges Referat beim Staubsaugen zu planen und gleichzeitig per Headset ein paar wichtige, aber lästige Telefonate zu führen. Chaos? Na ja, ich könnte das nicht, aber ich bin ja auch kein Maßstab. Und außerdem ist das nur eine „höhere" Art der Ordnung.

14. Hochbegabte Menschen sind einsam und depressiv

Hochbegabte sind oft „einsam". Eine Bekannte verbringt die Morgenstunden bis etwa 5.00 Uhr alleine vor ihrem PC in der Küche, um E-Mails auszutauschen oder per Video-Konferenz mit ihren Freunden in Australien zu kommunizieren. Einsam? Eine andere fährt gerne Radstrecken von mindestens 400 km am Stück. Alleine. Einsam? Viele sitzen am PC und downloaden „Bücher" aus der Bibliothek der Universität in Philadelphia. Einsam?

Viele Hochbegabte lieben Science-Fiction, Romane, Filme: alles, was zu kriegen ist. Sie verbringen ganze Nächte mit Captain Kirk oder mit Asimov-Romanen. Einsam?

Einige Hundert leibhaftige (hochbegabte) Menschen treffen sich jedes Jahr zu einem mehrtägigen Convention-Day, um ihrer Lust an Science-Fiction freien Lauf zu lassen. Einsam?

Einsam sind Hochbegabte, wenn sie nie die Chance hatten andere Hochbegabte kennenzulernen UND nie wirklich lernten, mit normal begabten Menschen umzugehen. Depressiv werden Hochbegabte, wenn sie jahrelang, jahrzehntelang nach Gesprächspartnern fahnden, aber keine finden konnten, mit denen sie sich verständigen können. Stattdessen müssen sie sich immer wieder anhören, wie blöde (weil oft der, den man nicht versteht, als „dumm" etikettiert wird) man ist bzw. wie schlecht man sich ausdrücken kann. Oder sie werden depressiv aus den bekannten Gründen und in genau den Zusammenhängen, in denen bei allen Menschen endogene, reaktive oder anders bezeichnete Depressionen entstehen können.

Reaktionen von Eltern auf die just entdeckte Hochbegabung ihrer Kinder nach dem Motto: „Das habe ich ja gleich gesagt, wenn du dich mehr angestrengt hättest, hätten wir nicht den ganzen Kummer mit dir und der Schule gehabt!", machen das nicht besser.

Als Coach staune ich immer wieder, zu welch drastischen Abwertungen ihrer eigenen Kinder Eltern auch in hohem Alter noch in der Lage sind, um sich selbst auf Kosten ihrer Kinder vor der einen oder anderen (Selbst-)Erkenntnis zu schützen. Nicht, weil sie bösartig sind, sondern weil sie es nicht anders hinbekommen.

Kein Wunder, dass Kinder, die laufend von ihren Eltern hören, dass sie nicht erwünscht sind oder stören, lieber alleine sind.

Das sind keine Vorzeichen einer drohenden Depression und eines Autismus oder einer anderen „Störung", das ist eine logische, erfolgreiche, wenn auch oft tragische Überlebensstrategie.

15. Hochbegabte Menschen sind nicht teamfähig

Bei den vielen Möglichkeiten, Schwierigkeiten im Leben zu bekommen, stehen Hochbegabte natürlich nicht hinten an. Auch Hochbegabte sind manchmal nicht teamfähig. Oder … was soll das eigentlich heißen? „Teamfähig"? Gibt es ein Persönlichkeitsmerkmal, einen Charakterzug, der genetisch festgelegt einige Menschen zu Teamplayern macht und andere nicht?

Kaum jemand, der darüber nachgedacht hätte, was er in seiner Stellenanzeige mit „teamfähigen" Wunschmitarbeitern meint. Da ist ganz offenbar „saugfähig" einfacher zu erklären. Ist damit gemeint: „Gliedert sich ins Team ein" (bis zur Unkenntlichkeit) und ist damit leicht zu führen? Oder: „Nimmt immer Rücksicht auf andere Meinungen, ist ausgleichend, sorgt immer für gute Stimmung!" (während andere arbeiten)?

Vielleicht braucht ein Team, um effektiv zu sein, ja gerade jemanden, der sich nicht um jeden Preis an die Gruppe anpasst oder an irgendwelche Gewohnheiten und Konventionen? Jemand, der zwar schwer zu führen ist (aber nur von jemandem, dem Kontrolle über alles geht), der aber die fachlichen Fragen löst und das Gesamtgeschehen nach vorne treibt? Selbstverständlich ohne die anderen zu überrennen?

Nach meiner Erfahrung und den Berichten meiner Kunden ist mit „nicht teamfähig" gemeint: Stört den Frieden in der Abteilung, indem er dauernd Vorschläge macht, zu viel und zu gut arbeitet, sich nicht unterordnet und damit die anderen Kollegen stört und den Chef womöglich gefährdet. Schade, hier werden Chancen vergeben. Kaum ein Hochbegabter ist auf eine Führungsposition scharf, nur weil ein anderer sie hat, und kaum einer ist nur schnell, um andere zu ärgern. Ein bisschen mehr gegenseitige Toleranz würde hier Wunder wirken und die Produktivität enorm steigern helfen. Eine Untersuchung des Autors gemeinsam mit einer Forschungsgruppe der Uni Bochum zeigte 2012 interessante Einblicke in die berufliche Motivationslage von Hochbegabten [2].

Team*unfähig* wird der Hochbegabte auf die Dauer vor allem, wenn er laufend erkennen muss, dass seine tatsächlich guten Ideen der Gruppendynamik, dem Recht des Älteren („Machen Sie keine Witze, das haben wir vor 20 Jahren schon versucht und schließlich aus gutem Grund wieder abgeschafft!") oder einem anderen (unlogischen und von ihm nicht zu beeinflussenden) Machtspiel zum Opfer fallen.

45

16. Hochbegabte Menschen sind oft psychisch krank

Der Zusammenhang zwischen Hochbegabung und psychischen Störungen wurde schon kurz zum Thema Autismus gestreift. Es gibt keine ernst zu nehmenden Hinweise darauf, dass hochbegabte Menschen öfter psychisch erkranken als andere.

Obwohl sie durch ihre gesteigerte Sensibilität (nicht „Empfindlichkeit"!) möglicherweise eine größere Chance hätten. Denn offenbar haben Hochbegabte aber auch mehr Möglichkeiten, kleinere Krisen zu bewältigen. Bezüglich schwerer psychischer Erkrankungen handelt es sich hier um eine illusionäre Korrelation (um einen fantasierten Zusammenhang), die sich vermutlich aus zwei Quellen speist:

(1) Wenn Hochbegabte psychische Störungen erleiden, ist das im Bekanntenkreis auffälliger und nährt das alte, hartnäckige, trotzdem jeder Grundlage entbehrende Vorurteil, dass „Genie und Wahnsinn" doch nahe beieinander lägen. Vermutlich wird dann auch mehr darüber geredet, als wenn ein „Normalbegabter" zum Beispiel Depressionen (aktuell z.B. „Burnout") bekommt und dann mit seinen Behandlungsansprüchen an seine Kasse prahlt.

(2) Die These dieses Zusammenhangs dient, wie auch schon angedeutet, vermutlich dazu, den eigenen Neid oder die Wut über die Ungerechtigkeit der Welt bei der Verteilung von „Leistungsfähigkeit" und anderen Merkmalen einzudämmen, bevor er einen selbst auffrisst.

Tragischerweise begründen einige Eltern sogar ihre bildungsfeindliche Haltung den eigenen Kindern gegenüber damit, dass sie ihre Kinder vor dem „Wahnsinn" schützen wollen, der unweigerlich auftritt, wenn das Kind zu viel liest (= zu viel weiß?), und durch „Reizüberflutung" unvermeidbare Schäden erleidet.

Unglaublich, ungeheuerlich, aber leider wahr in dem Sinne, dass diese Haltung oft genug (zu oft) im Coaching-Prozess berichtet wird. Und wir leben im 21. Jahrhundert!

Die Lerngeschichte Hochbegabter beinhaltet regelmäßig dauerhafte Frustrationen, die schließlich dieselbe zerstörerische Kraft entwickeln können wie schwere psychische Traumata.

17. Hochbegabte Menschen sind zerstreut und flatterhaft, alleine oft lebensunfähig

Hier kommen wir wieder dem zerstreuten Professor als Bild nahe, aber hier geht es noch um mehr. Hier geht es darum, dass man Hochbegabten gerne nachsagt, sie könnten zwar den Nobelpreis in Physik problemlos erlangen, aber sich nicht alleine die Schuhe zubinden. Einkaufen würde in der täglichen Katastrophe enden, und den Weg zum Bahnhof zu finden, hätte für Hochbegabte subjektiv den Schwierigkeitsgrad, den andere empfinden, wenn sie zu einer entbehrungsreichen Expedition zum Nordpol ohne Ausrüstung aufbrechen.

Hochbegabte geraten hier in der Tat in die eine oder andere Falle, in die andere nicht so leicht geraten. So zum Beispiel in die Komplexitätsfalle: Sie verlassen das Haus, um Brötchen zu kaufen, und kommen eine halbe Stunde später als erwartet ohne Brötchen zurück. Gedankenschwer die Zusammenhänge zwischen Billig-Lohnländern, europäischen und deutschen Bäckerlöhnen, Materialpreisen und -qualitäten, über Marketing- und Werbebemühungen eines sympathischen Bäckers zu Ungunsten eines Biobäckers, der gleich nebenan, aber unsympathischer – vermutlich ist sein Mehl gar nicht „bio"… oder abgelaufen oder … warum ist der so billig? Aber die anderen Brötchen könnten doch auch… wo kommen eigentlich die Brötchen von Aldi her? Oder die in der Kantine?… Es dauert bis Mittag, bis er sich wieder beruhigt hat. Wieder mal ein Tag mit Knäckebrot statt Brötchen!

O.K., das *kann* vorkommen. Aber deswegen ist ein Hochbegabter noch lange nicht „lebensunfähig". Und „Normalbegabte" sind auch schon ohne Brötchen wiedergekommen, weil sie sie vergessen hatten, oder sie sind aus anderen Gründen gar nicht wiedergekommen, was nun wiederum gar nichts mit dem IQ zu tun haben muss.

Die Prioritäten werden anders gesetzt und „normale" oder Routine-Aktivitäten zum Beispiel gerne spontan einem besonders interessanten Gedanken geopfert. Und das wirkt dann, als wäre ein Hochbegabter besonders wankelmütig oder chaotisch zuwege.

Viele Hochbegabte können problemlos 5-7 Gedankengänge im Kopf parallel managen, ohne einen einzelnen zu fokussieren.

Andere werden sofort nervös angesichts zweier Themen, weil sie sich nicht auf das konzentrieren können, was sie sich vorgenommen haben. Das **kann in beiden** Fällen zu einer belastenden Behinderung beim Lernen, z.B. für Prüfungen werden.

18. Hochbegabte Menschen sind mimosenhaft und genussfeindlich

Wer jemals ein Treffen von Hochbegabten mitgemacht hat, weiß, dass das nicht stimmt. Allerdings ist es für Normalbegabte oft nur schwer nachzuvollziehen, dass Hochbegabte sich freiwillig und mit großem Genuss Tätigkeiten hingeben, die sie selbst nur unter Androhung oberlehrerhafter, roher Gewalt verfolgen würden: schwerste Sudoku-Rätsel lösen, Vokabeln pauken, einen Vortrag über Nano-Physik hören, eine neue Sprache lernen, *nur um sich lustvoll zu beschäftigen.* Hochbegabte sind oft überhaupt nur glücklich, wenn sie etwas lernen können, und das muss neu sein, herausfordernd, irgendwie schwierig, und es darf ruhig exotisch, zuweilen sogar nutzlos sein, jedenfalls muss es nicht unmittelbar dem Alltag entspringen. Hochbegabte sind oft regelrechte Informationsverarbeitungsmaschinen, die bei Stillstand in einen Zustand der Unruhe fallen, bis sie wieder etwas gefunden haben, was neu und interessant ist.

Die meisten Menschen, wenn nicht alle (!), waren als Kinder neugierig und ständig auf neue Abenteuer aus.

Man darf sich durchaus fragen, wo denn diese geradezu unbezähmbare Neugier geblieben ist?

Leider glauben einige Menschen, dass die Neugier nicht mehr nötig sei, weil sie ja jetzt als Erwachsene „fertig" seien. Zen-Geist ist Anfänger-Geist, sagt wie schon angeführt der Zen-Buddhist und hat das mit den meisten Hochbegabten gemeinsam: Begriffe wie „fertig" existieren kaum, „Experten" werden gerne misstrauisch beäugt, und die kindliche Neugier wird irgendwie bewahrt.

Für die meisten Hochbegabten ist die ganze Welt eine große „Sendung mit der Maus" für Erwachsene. Viele haben schon als Kinder zu Protokoll gegeben, teilweise zum Entsetzen ihrer Eltern, dass sie nie erwachsen werden wollten. Vermutlich weil sie ahnten, was damit verbunden sein könnte: das Versiegen der Motivationsquelle schlechthin: neue Informationen!

Hochbegabten Kindern sollte man zu Schulbeginn nicht sagen: „Jetzt beginnt der Ernst des Lebens!", sondern: „Toll, jetzt darfst du zur Schule. Da kannst du endlich noch viel mehr lernen! Vielleicht sogar jeden Tag etwas Neues!"

Und Hochbegabte genießen genau das, was andere auch genießen. Zum Beispiel ein hervorragendes Essen, guten Wein und gute Freunde. Nur: Nichts tun, das geht gar nicht. Damit tun sich die meisten Hochbegabten außerordentlich schwer! Das stresst!

19. Hochbegabte Menschen sind einsame und skurrile Eigenbrötler

Wenn man jahrelang gelernt hat, dass man sich über die für einen selbst wirklich interessanten Dinge des Lebens mit kaum jemand anderem unterhalten kann, kann es passieren, dass man sich in ein Schneckenhaus zurückzieht oder dass das jedenfalls von außen so aussieht.

Einige Hochbegabte bauen sich in der Tat eine kleine heile Welt auf, die sie nur noch ungern verlassen, weil „draußen" einfach zu viele schlechte Erfahrungen darauf warten, wieder einmal bestätigt zu werden. Wer tut sich das schon gerne freiwillig an?

Ob das allerdings skurriler ist, als wenn sich ein innerlich gekündigter (eigentlich: ein aus Frustration „Dienst nach Vorschrift" tuender Mitarbeiter), mittelmäßig intelligenter Mensch resigniert zurückzieht, depressiv oder aggressiv wird und dem Alkohol verfällt, weil z.B. sein Chef laufend an ihm herummeckert und seine Kollegen ihn aufziehen, bleibt einmal dahingestellt.

Es fällt mal wieder mehr auf: Der in sich gekehrte Hochbegabte beschäftigt sich mit Dingen, die anderen eben einfach zu fremd sind, als dass sie sie als „normal" akzeptieren könnten. Wo keine Kommunikation aufkommt, kommt auch keine Möglichkeit zum Verständnis auf. Hier wächst wie überall, wo brauchbare Daten fehlen, die Gefahr der gepflegten Vorurteile und Gerüchte.

Irgendwann ist der Hochbegabte so weit an den Rand gedrängt, dass er eben noch geduldet wird. Nicht nur eine wilde Vermutung legt nahe, dass z.B. einige der wegen Hexerei verbrannten Frauen im Mittelalter einfach nur hochbegabt waren und ihnen deswegen, weil sie keiner sonst verstanden hat, „böse Kräfte" nachgesagt wurden, um die durch aggressiv geladene, ja panische Angst in rational begründbare Ablehnung umzuwandeln.

Viele Hochbegabte erklären sich nicht, um ihr Schneckenhaus nicht verlassen, um das gefürchtete Risiko nicht eingehen zu müssen, verlacht, gemobbt und noch weiter ausgegrenzt zu werden. Und viele Nichthochbegabte hassen die Frustration, wenn sie einfach nicht verstehen, worüber sich der Hochbegabte so erregen kann. Eine teuflische Kompatibilitäts- und damit Kommunikationsgrenze von subjektiv so existenziell wichtigen Gedanken! Es ist hier wie überall in vergleichbaren Situationen / Unternehmen: wichtige – auch überlebenswichtige - Informationen wechseln nur den Besitzer, wenn sie tabu- und angstfrei ausgetauscht werden können. Ansonsten gehen sie schlicht nutzlos verloren.

20. Hochbegabte Menschen sind immer dabei, hochgeistige Themen zu wälzen

Hochbegabte „müssen" in den Augen anderer „immer" „hochgeistige" Themen (zwanghaft) wälzen. Wozu sonst die ganze Hochbegabung? Vielleicht unterliegen Hochbegabte ja einer Art „Grübelzwang", dann müssen sie wenigsten traurig und verzweifelt sein, wenn sie schon dauernd denken müssen.

Aufklärung: Manche Hochbegabte grübeln tatsächlich den ganzen Tag und unterscheiden sich damit wieder nicht von anderen, die solchen „Zwängen" unterliegen. In den meisten Fällen ist dieses Vorurteil aber wohl darauf zurückzuführen, dass Nichthochbegabte sich kaum vorstellen können, dass es Spaß machen kann, den ganzen Tag angestrengt zu denken, und das auch noch – so geht es jedenfalls vielen Hochbegabten – auf drei „Baustellen" oder mehr gleichzeitig. Viele Hochbegabte berichten, dass sie parallel Themen bearbeiten, aber die wenigsten leiden darunter, dass sie damit nicht aufhören könnten. Einige leiden darunter, dass sich die Themen in Form von „gehörten", „gesprochenen" Kommentaren gegenseitig stören – und so quasi ein Höllenlärm in ihrem Innern herrscht.

Allerdings geht das allen Menschen so, die eine ähnliche Störung entwickeln. Mit dem Unterschied allerdings, dass ungesteuert alternierende Themen bei Hochbegabten meist an sich sinnvolle und logische Fragen aufwerfen, die weiterbehandelt werden wollen (und meist eben keine rein von Fantasie und/oder Ängsten getriebenen Wahnvorstellungen darstellen). Sie stellen also eher eine Konzentrationsschwäche oder die Unfähigkeit, Prioritäten zu setzen, dar, weniger einen echten „Zwang" zum Grübeln.

Die meisten Hochbegabten, die ich bisher kennenlernen konnte, können sich schnell und tief entspannen, schauen Fußball, trinken Bier, albern herum und lösen dort Kreuzworträtsel oder Sudokus, wo schon die chinesischen Kaiser bekanntlich zu Fuß...

Wer aus *Lust* philosophische Texte liest, der grübelt nicht, der entspannt sich vielleicht gerade. Und verkrampft sich dabei, wenn er keinen anderen Menschen zum Austausch findet.

Manche Hochbegabte werden nervös, wenn sie *nichts* zu tun haben. Manche können sich nur entspannen, *wenn* sie etwas zu tun haben. Hier einmal unverbindlich und folgenlos die Handbremse lösen zu dürfen, ist ein Erlebnis, das muss man einmal gehabt haben, um es nachvollziehen zu können, gerade wenn man eben *kein* Experte ist.

21. Hochbegabte Menschen sind extrem gut im Kopfrechnen und haben ein fotografisches Gedächtnis

Viele Hochbegabte können schlechter Kopfrechnen oder den Dreisatz anwenden als Ihr Nachbar! Genauso wie einige Computerfachleute oder Mathematiker.

Es gibt auch Menschen, die können die 137. Wurzel vor laufender Kamera aus 1000-stelligen Zahlen ziehen. Es gibt Menschen, die können nach einem 10-Minuten-Helikopter-Flug über eine unbekannte Stadt tagelang Details dieser Stadt aus dem Gedächtnis zu 100 % korrekt auf riesige Papierflächen malen oder ganze Lexika in Stunden für immer auswendig lernen. Schön und gut. Häufig sind das aber *keine* „Hochbegabten". Sie haben eine „Inselbegabung", früher hat man sie „Idiots Savants" genannt, die „wissenden Idioten", weil sie außer einer ganz speziellen außergewöhnlichen Leistung eigentlich eher Durchschnittliches zuwege bringen, teilweise sogar für die Bewältigung des alltäglichen Lebens auf die Hilfe anderer angewiesen sind. Heute ist man dieser liebenswürdigen Ausprägung menschlicher Intelligenz gegenüber höflicher und nennt sie im Allgemeinen nur „Savants".

Es gibt extrem wenige Menschen auf der Welt, die *insgesamt* (extrem) hochbegabt sind. Einer von ihnen ist Gert Mittring, der als Weltrekord die 137. Wurzel aus einer tausendstelligen Zahl in 13,3 Sekunden im Kopf und ohne Hilfsmittel zog. Er arbeitet als Wissenschaftler u.a. in der Hochbegabtendiagnostik und bricht sozusagen nebenbei den einen oder anderen Weltrekord im Kopfrechnen, was ihm schon Einträge im Guinness-Buch der Weltrekorde einbrachte.

Die meisten Hochbegabten sind nicht viel besser als andere im Kopfrechnen. Auch die schulischen Leistungen nicht das, was die meisten Nichthochbegabten erwarten, obwohl es auch bei vielen Hochbegabten ein Abitur mit Note 1,0 gibt. Es gibt aber auch Hochbegabte ohne jeden Schulabschluss. Und mit einem Gedächtnis, das wie meines eher einem Sieb gleicht als einer „Ablage".

Oftmals kommt es tatsächlich vor, dass Hochbegabte gerade bei einfachen Aufgaben „versagen", weil sie die Aufgaben erst gar nicht „verstehen", z.B. nicht glauben können, dass das schon die Aufgabe gewesen sein soll, und anfangen, darüber nachzudenken, welche Aufgabe denn wohl dahinterstecken mag. Der Hang einige Phänomene im Leben zu kompliziert zu sehen, ist kein Zeichen für Dummheit, wird aber oft so interpretiert. Leider oft von Hochbegabten selbst, die gar nicht wissen, dass sie hochbegabt sind.

22. Hochbegabte Menschen sind als Kinder schwer traumatisiert worden

Zum Glück trifft das auf die wenigsten zu. Die Schätzungen gehen da weit auseinander. Ich persönlich schätze, dass etwa 20-35% der Hochbegabten in Deutschland große Schwierigkeiten in Kindheit und Jugend hatten, ein Teil davon mit Sicherheit so stark traumatisiert wurde, dass nur eine gute Psychotherapie weiterhelfen kann.

Das ständige Erleben der Diskrepanz des eigenen Potenzials und von außen zurückgemeldeter „Unfähigkeit", das Erleben aggressiver, verzweifelter, genervter, schlagender, rhetorisch übermächtiger, frustrierender und frustrierter Eltern, Geschwister und Lehrer, die nicht akzeptieren können, dass man so wissbegierig und leistungsbereit ist und weil sie unruhiges Verhalten stört.

Dazu kommt eine oft unbewusste Abwertung der eigenen Person, dass man sich quasi verteidigen muss gegen diese „Bedrohung".

Das alles zeugt von starker Unsicherheit und Hilflosigkeit auf Seiten der Peiniger, mündet aber in ein schwer belastetet Selbstbild. Es hilft nichts: Für das hochbegabte Kind, den hochbegabten Jugendlichen bedeutet das die Hölle auf Erden.

Und dass das Folgen bis ins hohe Erwachsenenalter hat, liegt auf der Hand. Es gibt Hinweise darauf, dass eine ernst zu nehmende Identitätsstörung mit zu spät erkannter Hochbegabung zusammenhängt, wenn auch noch nicht klar ist, wie genau das funktioniert. Plausibel ist das allemal.

Die wiederum populäre Angewohnheit, jedwede Auffälligkeit im Verhalten Erwachsener auf ein dramatisches Kindheitstrauma zurückzuführen, ist wohl eher einer bestimmten Populär-Psychologie zu verdanken, der man mit 130 Jahren Verspätung ansieht, dass sie zur eigenen Entschuldigung eine Menge beitragen kann.

Das eigene Versagen ist leichter zu ertragen, wenn ein Trauma „schuld" ist. So hat kurioserweise die Nachricht, dass Hochbegabung zum größten Teil angeboren sei, ausreichend und nachhaltig zur Entspannung beigetragen, denn dann kann ja der Hochbegabte nichts dafür und ist sozusagen „unschuldig" an seiner Hochbegabung. Der Hochbegabte selbst wird aber an solchen Stammtisch-Diskussionen nicht beteiligt.

Wenn man genau hinsieht, wird's gruselig: Die tatsächlichen Leistungen Hochbegabter werden genau deswegen wenig anerkannt, die sind dann ja angeboren, also „selbstverständlich", und damit nicht auf (lobenswerte) Anstrengungen zurückzuführen. Damit schließt sich dann der Teufelskreis: Anerkennung: Fehlanzeige!

23. Hochbegabte Menschen sind faul, wenn sie nicht erfolgreich sind

Hochbegabung wird wie gesagt oft mit der selbstverständlichen Möglichkeit zur Höchstleistung gleichgesetzt. In unserer Gesellschaft gilt ein Zuschreibungsalgorithmus für „Schuld" bzw. „Verantwortung", der folgendermaßen funktioniert: Wenn jemand etwas könnte, weil er die Fähigkeit dazu hat, es aber nicht tut, dann hat er sich nicht genug angestrengt (und muss dafür bestraft werden). Wenn jemand aber etwas nicht kann, kann man ihm auch keinen Vorwurf machen, er wird aber dafür bewundert, dass er es immer wieder versucht, sich mächtig anstrengt und das Maximum an Leistung bringt, das eben so noch realisierbar erscheint.

Oft wird die implizite oder explizite Aufforderung zur Höchstleistung damit begründet, dass andere „froh seien", wenn sie könnten, was z.B. der Hochbegabte angeblich können muss, weil er hochbegabt ist. Der freie Wille, der so gerne so oft von eben denselben Menschen bemüht und gehegt und gepflegt wird, ist hier ganz schnell am Ende. Wer Begabung hat, muss sie einsetzen, daran geht kein Weg vorbei, dagegen hilft keine Entschuldigung! Und zwar zum Nutzen der anderen, der „Gesellschaft". Dann erst gibt es endlich die ersehnte Anerkennung. Als wenn der Hochbegabte, der in der Regel durch Geburt zu seiner Hochbegabung kam, eine Schuld auf sich geladen hat, die er ab dem Zeitpunkt des Erkennens seiner Hochbegabung wieder gutzumachen hat.

Dass viele Hochbegabte sich ohnehin gerne genauso wie andere gesellschaftlich verpflichten und sich in vielfältigen Hilfsprojekten engagieren, ahnen viele vielleicht nicht. „Eigenbrötler"?!

Auch „Besserwisser" möchte keiner haben. Denn kaum einer hat offenbar gelernt, etwas zu lernen, ohne sich sofort fragen zu müssen: „Der will mir also sagen, dass ich das bis heute falsch gemacht habe?!" und „Der will etwas Besseres sein?!"

Ein Gedanke ist für die meisten Hochbegabten zunächst einmal ein Gedanke. Der kann logisch sein oder nicht, neu oder alt, oder (un)bekannt. Jeder Gedanke ist ein Wert an sich. Und später kommt dann erst die Überlegung, was dieser Gedanke auslösen könnte, würden Aspekte davon in die Tat umgesetzt. Dann also erst kommt die ethisch-moralische Bewertung, die Überlegungen zur ökonomischen oder ökologischen Nutzung. Und nicht umgekehrt. Das beinhaltet aber auch die Möglichkeit, dass etwas, das durchaus funktionieren würde, trotzdem nicht umgesetzt wird. Weil es beispielsweise als zu gefährlich eingeschätzt wurde.

24. Hochbegabte Menschen finden sich in elitären Clubs zusammen

Immer wieder hört man, Hochbegabtenclubs gäben sich elitär. Man demonstriere etwas besonderes zu sein.

Es gibt einige Clubs, z.B. MinD (Mensa in Deutschland e.V.). Dieser Club hatte Ende 2014 weltweit mehr als 120.000 Mitglieder, allein in Deutschland über 12.000.

Mensa nimmt nur Menschen auf, die einen IQ von mindestens 130 bzw. einen Prozentrang von 98 % in einem wissenschaftlichen IQ-Test-Verfahren unter kontrollierten Bedingungen nachgewiesen haben. (Die meisten Hochbegabten schätzen den eigenen IQ übrigens als viel zu niedrig ein! Interesse? Dann: www.mensa.de).

Ein Prozentrang von 98 bedeutet, dass diese Menschen bei einem anerkannten IQ-Test mehr Aufgaben lösen als es 98 % der Bevölkerung tun. Es gibt Clubs, die haben sogar das 1-%-Kriterium, wie z.B. Intertel, ein weltweiter Club mit Sitz in Georgia, USA, mit nur ca. 1.200 Mitgliedern oder gar Clubs mit einem Kriterium von 0,001 % und härter. Es gibt aber auch „High-Q-Clubs", die das 5-%-Kriterium haben. Sinn und Zweck ist immer derselbe:

Auf Leute treffen zu können, mit denen man in gleicher Komplexität, Geschwindigkeit und vor allem *gegenseitiger Akzeptanz* Themen aufgreifen und diskutieren kann, Fragen stellen kann, lernen kann, sich kennenlernen kann. Ohne dass jemand über die Höhe des IQ redet, einen der Arroganz bezichtigt oder man sich selbst dauernd verteidigen muss!

Viele spielen einfach leidenschaftlich gerne Gesellschafts-, Computer-, Kartenspiele oder alles abwechselnd.

Hochbegabte mögen in der Regel keinen Small Talk. Wenn man aber einmal auf einem Hochbegabten-Treffen den Small Talk im Hotelfoyer genießen konnte, der durchaus dem Lärmpegel eines startenden Düsenjets würdig ist, dann weiß man: Hochbegabte lieben Small Talk, aber nur, wenn die Themen passen.

Hochbegabte beschäftigen sich einfach oft und gerne mit anderen Themen als andere! - Und das ist also der ganze Unterschied? - Ja! Kaninchen-Züchter wollen auf ihrer Mitgliederversammlung nicht über die Herstellung von Transistorradios sprechen, Frauen-Vereine lassen keine Männer zu. Im Schriftsteller-Verband finden sich Schriftsteller. Im Segelverein Segler. Landfrauenvereine beschäftigen sich mit Stricken und Marmelade einkochen. Weil sie dazu Lust haben und nicht von ignoranten Männern gestört werden wollen. Wunderbare Welt der Vereins-Landschaft. So einfach!

25. Hochbegabte Menschen wollen dauernd im Mittelpunkt stehen

Vielen Hochbegabten – wenn nicht den meisten – ist es *ausgesprochen unangenehm, im Mittelpunkt zu stehen! Der Eindruck* der Wichtigtuerei entsteht offenbar in der Kombination mehrerer Fehlinterpretationen von Reaktionen Hochbegabter, die, wenn sie etwas tatsächlich besser wissen oder etwas für sie besonders Wichtiges besprechen wollen (wie andere Menschen gelegentlich auch) oder wenn sie nicht von einem Thema ablassen, weil sie unbedingt die „Lösung" eines „Problems" haben möchten, unangenehm auffallen, weil die anderen anwesenden Menschen sich nicht wie gewohnt den für sie wichtigen Themen widmen können, weil der Hochbegabte noch immer auf einem bestimmten Thema besteht. Das sieht dann nach außen leicht einmal so aus, als wolle sich der Hochbegabte selbst in den Mittelpunkt stellen.

Viele Menschen können es sich einfach nicht vorstellen, dass es Menschen gibt, die hartnäckig an einem Thema bleiben, bis es für sie endgültig geklärt ist, oder die sich tatsächlich für Dinge stark interessieren, die nicht gerade in aller Munde sind.

Hochbegabte neigen manchmal dazu, Interessen nachzugehen, die keinen Bezug zu anderen gerade anwesenden Menschen haben. Andere Menschen achten vielleicht eher darauf, dass das, was sie in einer Gruppe zum Thema machen, auch andere interessiert. Dazu könnte man sagen, der eine ist da „sozialer" eingestellt, der andere „egoistischer". Man könnte auch sagen, der eine „schielt nach dem Beifall der anderen", wenn er ein Thema aufs Trapez bringt, und der andere ist davon „unabhängig". Jedenfalls ist es eine andere Motivation und damit potenziell ein Konflikt, der sich im Laufe der Kommunikation zum Streit ausweiten kann.

Das besonders Gemeine hierbei ist dann der Vorwurf, der gegen die Person gerichtet ist und gleichzeitig das für den Hochbegabten wichtige Thema abwertet. Danach kann der Hochbegabte kaum noch etwas zur Deeskalation beitragen. Denn wenn er darauf besteht, dass es ihm nur um die Sachfrage ging, glauben es die anderen ihm nicht, weil sie ihre eigene Motivation, die in diesem Moment eher von sozialen Vergleichs- oder Wettbewerbsprozessen geprägt sein mag, auch dem Hochbegabten unterstellen. Und außerdem schiebt er sich damit ja geradezu in den Mittelpunkt (des sozialen Geschehens, das er selbst so evtl. gar nicht wahrnimmt). Dass er sich gerade jetzt tatsächlich kaum für die anderen Personen an sich interessiert, macht die Sache nicht einfacher.

Die nackte Wahrheit

Die nackte Wahrheit ist in etwa die folgende: 2 % der Bevölkerung gelten per Definition als hochbegabt. Also etwa 1,6 Millionen Deutsche. Nicht eben wenige. In einem Land, in dem Frauen mit ca. 52 % Anteil zuweilen als Minderheit gehandelt werden, auch nicht gerade eine der „Mainstream-Gruppen". Die wenigsten wissen, dass sie hochbegabt sind, weil die meisten nie einen Test machen oder das Ergebnis nie erfahren (wie Männer bei den Straßen- und Verkehrs-ämtern bzw. beim TÜV, beim Arbeitsamt oder der Bundeswehr).

Die meisten leben unauffällig mitten in der Gesellschaft, sind erfolgreich oder erfolglos. Psychische Störungen kommen vor wie bei allen anderen auch… aber wo sind denn nun die Besonderheiten?!

Hochbegabte denken schneller, komplexer, sie finden auf bestimmten Gebieten (z.B. analytisches Denken, Logik) schneller Lösungen als die meisten anderen.

Es ist wie mit großen Menschen über zwei Meter beispielsweise: Sie sind genau wie alle anderen, nur eben ziemlich riesig! Und die Körpergröße selbst führt dann zu Auffälligkeiten, z.B. zu der Tatsache, dass es die meisten großen Menschen unendlich nervt, nur in einem oder zwei Geschäften in Deutschland einkaufen zu können, und dass fast jeder, der sie trifft, irgendwelche Bemerkungen zu ihrer Körpergröße und damit vermeintlich zusammenhängenden Eigenschaften macht.

Hochbegabte fühlen sich oft erst völlig „ganz", wenn sie endlich und genau wissen, was mit ihnen los ist. Und die Fragen und Selbstzweifel langsam weniger werden. Vor allem dieses häufig ständige Gefühl der Unterforderung und der Unsicherheit, warum bestimmte Phänomene nicht aufhören wollen. Nur dann können sie nutzen, was sie „mitbekommen haben" als „Erstausstattung".

Und das kann der Anfang eines glücklicheren, erfüllteren Lebens sein! Viele Hochbegabte erfahren aber erst sehr spät von ihrer Hochbegabung. Es lohnt sich dennoch immer. Auch mit 50 Jahren oder später! Das beweisen die Erfahrungen vieler Hochbegabter, die erst in diesem relativ hohen Alter ihre diversen Rätsel um bis dato „unerklärliche" und frustrierende(!) Phänomene lösen konnten.

Häufig kommen sie erst in der Rolle als Eltern oder Großeltern in die Lage, von einem Schulpsychologen angesprochen zu werden, und das dann beispielsweise auf der Suche nach den Gründen für „Verhaltensauffälligkeiten" Ihrer Kinder oder Enkel. Hier und da klärt sich – dank der inzwischen deutlich höheren Aufklärungsrate von Schulpsychologen über das Phänomen Hochbegabung als noch vor Jahren, dass es sich um keine „Störung", sondern lediglich um eine unerkannte Hochbegabung handelt. Und dann folgt die Frage nach den Eltern oder Großeltern, denn Hochbegabung wird offenbar über die Mütter vererbt.

Und manchmal ringen die sich dann durch und machen einen Test. Und starten in einen völlig neuen, unbekannten, faszinierenden Abschnitt ihres Lebens.

Mit einer dauernden Missachtung oder der Unsicherheit über die eigenen Fähigkeiten zu leben, ist kein schönes Leben und geht bis zur real als existenziell empfundenen Sinn- oder Identitätskrise. Deswegen lohnt es immer, die Reise zu sich selbst zu beginnen, z. B. mit Hilfe eines IQ-Tests, um endlich sicher zu sein: Wer versteht denn hier was nicht?! Tatsächlich ich oder vielleicht doch die anderen?

Oftmals ähnelt der nun beginnende Prozess dem einer Trauerphase: Es heißt Abschied zu nehmen vom bisher nicht eben geliebten, aber gelebten Selbstbild, von den verinnerlichten Zuschreibungen anderer, von eigenen Überzeugungen und Gewohnheiten.

Es gilt neue Perspektiven, Menschen und Themen kennenzulernen, die aufkommende Trauer und Wut darüber, dass das nicht früher entdeckt wurde zu bewältigen und sich dem „neuen" Leben zu stellen. Nicht wenige bezeichnen die Phase als „zweite Geburt". Und wie schon an anderer Stelle beschrieben und von einer meiner wunderbaren Coachees erfunden: Es ist die „Vertreibung ins Paradies". Und das ist nicht immer der Garten Eden! Es gibt kein „Zurück". Aber im Ernst: Das will ja auch niemand!

Dabei **kann** ein Coach hilfreich als Reiseleiter sein. In eine bessere, spannendere, nicht leichte, aber schöne Zukunft.

Vereinsaktivitäten z.B. von MinD (Mensa in Deutschland e.V.) gehören selbstverständlich auch dazu. Sozusagen als Reisegruppe.

Nachschlag

Für alle Hoch-, Niedrig- und Querbegabten

Für dieses Büchlein habe ich sehr viel und sehr gutes Feedback von allen Seiten bekommen, aber auch Kritik. Einigen „Normalbegabten", aber auch „Hochbegabten" kommt es wohl so vor, als ob hier der Tenor: „Och, Ihr armen Hochbegabten, Euch geht's ja so schlecht... (man denke sich ein bisschen von Erwachsenen so vorgestellte Baby-Sprache dazu: „buso, buso, ei, ei, ei !"). Immer wird auf Euch herumgetrampelt... och...!" usw. gepflegt werden soll.

Das ist nicht in meinem Sinn. Allerdings kalkuliere ich das als Rest-Risiko durchaus mit ein. Denn wenn man die Dinge nicht beim Namen nennt, kann man nicht darüber sprechen. Und als Hochbegabter habe ich mich in meinem Leben schon oft genug dafür entschuldigt, dass ich ohne es zu wollen, vielleicht doch mal jemanden beleidigt habe oder arrogant wirkte. In DIESEM Büchlein geht es primär aber nicht um Höflichkeit, sondern um die Nachvollziehbarkeit der Phänomene, die in der Interaktion zwischen Menschen(-gruppen) durch das Phänomen Hochbegabung entstehen können. Wenn ich damit jemanden verletzt haben sollte, geht mir das trotzdem immer noch nah, weil ich das nicht wollte. Und deswegen bitte ich an dieser Stelle pauschal aber ehrlich um Entschuldigung dafür.

Und an die Hochbegabten unter den Lesern:

Natürlich können wir Hochbegabten nicht von 98 % der Bevölkerung verlangen, dass sie alle möglichen Anstrengungen unternehmen sollen, um uns zu verstehen. Wir können auch von niemandem verlangen, dass er uns mögen muss, nur weil wir hochbegabt sind. Oder aus irgendwelchen anderen Gründen. Und wir wollen auch vermeiden, dass wir in die Ecke der Sonderlinge geraten und gedrängt werden, die zu den extrem betreuungsbedürftigen gesellschaftlichen Randgruppen gehören,. Auch wenn einige das vielleicht gerne hätten (Hochbegabte und Nicht-Hochbegabte).

Möglicherweise sind, was einige, ganz spezielle potenzielle Fertigkeiten angeht, einige Menschen nicht „aufwärtskompatibel", aber wir sind „abwärtskompatibel", um einmal die IT-Sprache zu benutzen. Und deswegen haben wir auch eine Bringschuld und zwar ohne uns „herabzulassen"! Nicht mehr und nicht weniger.

Der Wert eines Mensch wird nach wie vor nicht in „IQ" gemessen. Auch nicht unser Wert.

Und trotzdem geht es in diesem Büchlein um die Vorurteile gerade den Hochbegabten gegenüber.

Bremen, im Dezember 2014

Heinz-Detlef Scheer

Literaturhinweise:

[1] Stapf, Aiga: Kapitel 13 **Differenzialdiagnostik: Hochbegabung und Aufmerksamkeitsstörung (ADHS)**, in Preckel, Franzis; Schneider, Wolfgang und Holling, Heinz (Hrsg.) Diagnostik von Hochbegabung, Hogrefe, 2010, S. 293 ff.

[2] Hossiep, Frieg, Scheer: **Anders als die Norm - wie Personalmanager die Potenziale Hochbegabter besser nutzen können.** Wirtschaftspsychologie aktuell, Heft 04/2012, S. 17-20

Romane:

- Barbery, Muriel: **Die Eleganz des Igels.** dtv, 2009
- Vigan, de, Delphine: **No & ich.** Droemer, 2010

Sachbücher:

- Brackmann, Andrea: **Ganz normal hochbegabt.** 4. Auflage Klett-Cotta, 2010
- Fleiß, Ida: **Hochbegabung und Hochbegabte.** Tectum, 2006
- Rost, Detlef H.: **Intelligenz: Fakten und Mythen.** Beltz, 2009
- Scheer, Heinz-Detlef: **Wie ich werde, was ich bin. (Selbst-) Coaching für hochbegabte Erwachsene.** BoD, 2010
- Scheidt, Jürgen v. : **Das Drama der Hochbegabten.** Piper, 2005
- Schmidbauer, Wolfgang: **Kassandras Schleier: Das Drama der hochbegabten Frau,** Orell Füssli, 2013

(Auto)biografisches:

- Führlich, Ingrun: **Lebenslänglich hochbegabt.** MV Wissenschaft, 2006
- Petersen, Maria: **Danke! Jetzt bin ich glücklich!** BoD, 2. Auflage, 2008
- Tammet, Daniel: **Wolkenspringer.** Patmos, 2009

Filme:

- „**What ever works**", Woody Allen von 2009
- Die Verfilmung der **Millenium-Trilogie** von Stieg Larrson in der ersten Fassung mit Noomi Rapace als Lisbeth Salander (mit Sicherheit hochbegabt) von 2009-2010
- **Vitus** mit Theo Gheorghiu und Bruno Ganz von 2005
- **Das Wunderkind Tate**, mit Jody Foster von 1991
- **Rico, Oskar und die Tieferschatten** (Film von 2014), nach dem wunderbaren gleichnamigen Buch von Andreas Steinhöfel

Heinz-Detlef Scheer
Wie ich werde, was ich bin.
(Selbst-)Coaching für hochbegabte
Erwachsene.
BoD, Februar 2010, 335 Seiten,
€ 22,90

Alle, die von Hochbegabung betroffen sind oder sich schon immer mit diesem Phänomen beschäftigen wollten, profitieren von diesem Buch. Die, die sich unsicher sind, ob sie hochbegabt sind oder nicht, fassen vielleicht den Mut zu einem Test. Die, die Hochbegabte kennen, entwickeln eventuell ein bisschen Nachsicht und Gelassenheit, denn Hochbegabte sind, ohne es zu wollen, für andere Menschen oft sehr anstrengend.

Cornelia Hegele-Raih, als Redakteurin des *Harvard Business Manager* zu diesem Buch:

„Detlef Scheer, selber hochbegabter Coach von Hochbegabten, gibt einen faszinierenden Einblick in die Welt der überdurchschnittlich intelligenten Menschen. Und siehe da: Jenseits aller Vorurteile erleben Hochbegabte die gleichen Hochs und Tiefs, kämpfen mit ganz eigenen, aber letztlich ganz universellen Problemen und Selbstzweifeln, wie sie auch uns durchschnittlich oder sonst wie begabten Menschen mitunter plagen. Nur in extrem geballter Form. In einem durchweg verständlichen und mit einem Augenzwinkern geschriebenen Parforceritt beantwortet Scheer letztlich Fragen, die sich nicht nur Hochbegabte, sondern wir alle uns stellen: Was sollen oder können wir auf diesem Planeten eigentlich erreichen? Wie bringen wir unsere PS endlich auf die Straße? Wie werden wir zufriedener? Und so können auch ganz normale Leute aus diesem Buch viel lernen: für die eigene Karriere. Über das Coachen von hochbegabten oder anders begabten Menschen oder über das Menschsein an sich."

Porto- und verpackungsfrei auf Rechnung zu beziehen bei (0421-72228 oder BuchhandlungSattler@t-online.de) oder bei jeder anderen Buchhandlung zu bestellen.